BEI GRIN MACHT SICH IHR WISSEN BEZAHLT

Jan Horak

Internetkommunikation im Zeitalter des Web 2.0

GRIN Verlag

Bibliografische Information der Deutschen Nationalbibliothek:

Die Deutsche Bibliothek verzeichnet diese Publikation in der Deutschen National-
bibliografie; detaillierte bibliografische Daten sind im Internet über http://dnb.d-
nb.de/ abrufbar.

Impressum:

Copyright © 2008 GRIN Verlag, Open Publishing GmbH
Druck und Bindung: Books on Demand GmbH, Norderstedt Germany
ISBN: 978-3-640-80472-6

Dieses Buch bei GRIN:

http://www.grin.com/de/e-book/164909/internetkommunikation-im-zeitalter-des-
web-2-0

Universität Hamburg
Institut für Medien und Kommunikation
Modul MuK E2
52-327 Grundlagen der Medien: Digitale Medien

Sommersemester 2008

Internetkommunikation im Web 2.0

Jan Horak

Fachsemester: 2. Semester BA
Medien- und Kommunikationswissenschaft (HF),
Deutsche Sprache und Literatur (NF)

Inhaltsverzeichnis

1. Einleitung

Höher, schneller, weiter – das Internet hat in den letzten Jahren eine rasante Entwicklung durchlaufen. Verbesserte Infrastruktur und sinkende Kosten für Breitbandanschlüsse haben in Deutschland und anderen Industriestaaten zu einer fast flächendeckenden Versorgung der Bevölkerung mit Internetzugängen geführt.

Im Gegensatz zu einkanaligen Sendemedien wie Fernsehen und Hörfunk handelt es sich beim Internet um ein interaktives Medium. So wird durch die Onlinekommunikation ein Rollentausch zwischen Sender und Empfänger ermöglicht. Ein elementarer Bestandteil des Mediums Internet in seiner heutigen Form ist zudem die Möglichkeit, Inhalte zu kommentieren oder sogar zu verändern – und auf diese Art und Weise aktiv mitzugestalten. Dieses bedeutende – mit dem Begriff „Web 2.0" gekennzeichnete – Charakteristikum hat zu Veränderungen sowohl der Angebotsstruktur als auch des Nutzungsverhaltens geführt. Die jüngsten Entwicklungen und ihre weitreichenden Konsequenzen sollen im Folgenden erläutert werden.

Aufgrund des eng bemessenen Rahmens dieser Arbeit soll nicht auf die gesamte Entstehung und Entwicklung des neuen Massenmediums Internet eingegangen werden. Technische Details werden – sind sie für das Verständnis des Phänomens „Web 2.0" nicht essentiell wichtig – weitgehend ausgeklammert. Es soll vielmehr dargelegt werden, welche konkreten Entwicklungen dazu geführt haben, dass das Medium Internet in den letzten Jahren eine solche gesellschaftliche Relevanz erlangt hat. Kommunikation, Informationsaustausch und soziales Leben verlagern sich zunehmend ins Netz, die Welt wird so zum globalen Dorf. Das Internet organisiert unseren Alltag und bietet einen schier unerschöpflichen Fundus an Wissen. Doch neben den vielfältigen Chancen birgt diese Entwicklung auch Risiken. Das Ziel dieser Arbeit ist es, beide Aspekte aufzuzeigen, einzuordnen und dem Leser so die fachliche Grundlage für eine eigenständige Bewertung zu liefern.

2.   Das Web 2.0

2.1   Die Definitionsproblematik des Begriffs

Den Begriff „Web 2.0" umfassend, aber doch präzise zu definieren, ist ausgesprochen schwierig, obwohl er „in der Wissenschaft als ideenleitendes Schlagwort gegenwärtig sehr gerne benutzt wird".[1] Wenn von Web 2.0 die Rede ist, entstehen in der Regel Assoziationen mit einem bunten „Mitmach-Web" oder dem „Internet für alle". Jedoch handelt es sich beim Web 2.0 nicht – wie der Name vermuten lässt – um eine bestimmte Technologie oder Anwendung, der Begriff bezeichnet eher ein verändertes Nutzungsverhalten bzw. eine neue Angebotsstruktur.

2.2   Entstehung und Entwicklung

Das erste Mal verwendet wurde der Begriff „Web 2.0" im Jahr 2004 vom Softwareentwickler und Chef des O'Reilly-Verlags, Tim O'Reilly, auf einer Konferenz zur Zukunft des Internets. Beim Versuch, den Begriff näher zu definieren bzw. zu erklären, stellte O'Reilly die folgenden Punkte als charakteristisch für das neue Web 2.0 heraus[2]:

1. Web als Service-Plattform
2. Einbeziehung der kollektiven Intelligenz der Nutzer
3. Daten stehen im Mittelpunkt der Anwendungen
4. Neue Formen der Softwareentwicklung
5. „Leichtgewichtige" Programmiermodelle
6. Software, die auf vielen Geräten nutzbar wird
7. Rich User Experience

Die Innovationen, die hinter den einzelnen Schlagwörtern stehen, werden allerdings erst bei einer Betrachtung der Ausgangslage deutlich. Wenn man vom Internet unmittelbar vor dem Web 2.0 als Web 1.0 spricht, dann ist der Startpunkt im Jahr 1994 zu sehen. In diesem Jahr entwickelte die US-amerikanische Firma Netscape den ersten frei zugänglichen Internetbrowser, das World Wide Web wurde somit öffentlich nutzbar.

---

[1] Ebersbach, Anja; Glaser, Markus; Heigl, Richard (2008): Social Web, Konstanz: UVK-Verlagsgesellschaft, S. 23.
[2] Ebersbach; Glaser; Heigl: Social Web, S. 24ff. Vgl. auch:
http://www.oreillynet.com/pub/a/oreilly/tim/news/2005/09/30/what-is-web-20.html

Wirtschaftsunternehmen entdeckten das Internet als Werbeplattform und Marktplatz; in der Folge kam es zu einem Boom von Anbietern, die ihre Waren und Dienstleistungen auch oder sogar ausschließlich über das Internet vertrieben. Parallel dazu entstanden vermehrt auch private Websites.

Charakteristisch für dieses Web 1.0 war die relativ einseitige, passive Nutzbarkeit. Ein Anbieter, ob privat oder kommerziell, stellte frei verfügbare Inhalte bereit, die von anderen Nutzern eingesehen werden konnten. Aufgrund der - gemessen an heutigen Standards - noch nicht sehr weit fortgeschrittenen technologischen Entwicklung handelte es sich hierbei vor allem um Text- und Bildangebote.

Durch den vom Börsencrash im Jahr 2000 verursachten Zusammenbruch dieses ersten großen Internethypes und der einhergehenden technischen Weiterentwicklung von Infrastruktur und Internetsoftware konnten sich schließlich neue Angebotsstrukturen entwickeln. Dieses Phänomen ist als Entstehung des Web 2.0 bekannt.

2.3 Das Prinzip des „User-generated Content"

Als bedeutendstes Charakteristikum des Web 2.0 gilt das Prinzip des „User-generated Content". Es besagt, dass der Inhalt eines Webangebots nicht vom Eigentümer der Seite generiert wird, sondern von seinen Nutzern. Möglich gemacht wurde diese neue Form des „Mitmach-Internets" durch die rasant steigende Verfügbarkeit von Breitband-Anschlüssen, die das Herunter- und Hochladen großer Datenmengen beispielsweise in Form von Videos oder Fotos auch für Privatpersonen leicht machte. Beinahe sämtliche heute existierenden „Web 2.0"-Applikationen basieren auf dem Prinzip des „User-generated Content". Dies führte zu gänzlich veränderten Angebotsstrukturen und somit zu neuen, innovativen Kommunikationsformen.

3. Neue Kommunikationswege im Web 2.0

Mit dem Phänomen „Web 2.0" werden in der Regel eine ganze Reihe neuer Nutzungs-
und Publikationsformen assoziiert. Die wichtigsten seien hier kurz skizziert.

3.1 Weblogs

Weblogs – auch Blogs genannt – sind im World Wide Web veröffentlichte,
chronologisch geführte Erlebnisberichte oder Kommentierungen des aktuellen
Tagesgeschehens. Durch die meist bewusst gewählte Subjektivität der Einträge erinnern
sie an literarische Genres „wie zum Beispiel […] die politischen Pamphlete des 18.
Jahrhunderts oder de[n] in Tagebuchform geschriebenen Roman".[3] Weblogs zeichnen
sich zudem meist durch hohe Aktualität und eine Kommentarfunktion aus.

Frühformen von Weblogs finden sich schon Anfang der neunziger Jahre, damals
noch in Form einfacher und manuell kodierter, regelmäßig aktualisierter Webseiten. Der
erst später bekannt gewordene Terminus „Weblog" geht auf den Programmierer und
Philosophen Jørn Bager zurück, der ihn 1997 zum ersten Mal für die Bezeichnung von
Internetlinklisten gebrauchte.[4] Bei Weblogs handelt es sich ursprünglich um ein reines
Textmedium, welches jedoch im Rahmen der fortschreitenden technischen Entwicklung
und der damit verbundenen neuen Möglichkeiten zusätzlich von Video-, Photo- und
Audioblogs ersetzt bzw. ergänzt wurde.[5]

3.2 Wikis

Der Begriff „Wiki" stammt aus dem Hawaiianischen und bedeutet soviel wie „sich
beeilen" oder „schnell".[6] Im Bezug auf das Web 2.0 versteht man unter Wikis „eine
Webtechnologie zur Erstellung und Pflege von Inhalten".[7] Auf Internetseiten mit
integrierter Wiki hat jeder Nutzer die Möglichkeit, Inhalte in Echtzeit hinzuzufügen
oder zu verändern. Diese Form der „Kollaboration"[8] dient häufig der Akkumulation und
Bereitstellung von Wissen.

Das erste Wiki wurde im Jahr 1995 vom Software-Programmierer Ward
Cunningham entwickelt. Cunningham suchte nach einer Möglichkeit, „gemeinschaftlich

---

[3] Ebersbach; Glaser; Heigl: Social Web, S. 56.
[4] Vgl. Ebersbach; Glaser; Heigl: Social Web, S. 58.
[5] Vgl. http://www.itwissen.info/definition/lexikon/weblog-Blog-Weblog.html.
[6] Ebersbach; Glaser; Heigl: Social Web, S. 37.
[7] http://www.itwissen.info/definition/lexikon/Wiki-wiki.html.
[8] Ebersbach; Glaser; Heigl: Social Web, S. 47.

an Softwarecodes zu arbeiten und diese sofort zu veröffentlichen".[9] In der Folge entstanden zahlreiche weitere Wikis zu den verschiedensten inhaltlichen Themenkomplexen. Das heute bekannteste Wiki ist die Online-Enzyklopädie „Wikipedia".[10]

3.3 Social Networks

Unter „Social Networks" versteht man einen auf einer Internetplattform bereitgestellten Verbund von so genannten „Social-Network-Services, die von Teilnehmern mit gleichen Interessen genutzt werden und über die diese persönliche Daten austauschen und Beziehungen zueinander herstellen und vertiefen".[11] Im Gegensatz zu den inhaltsbezogenen, zielorientierten Internetgemeinschaften, die um Weblogs und Wikis herum entstehen, liegt der Fokus bei Social Networks auf den Usern selbst bzw. ihren Beziehungen untereinander.

Als erstes bekanntes Social Network wurde im Jahr 1997 „Sixdegrees" gegründet, musste seinen Betrieb jedoch schon im Jahr 2001 aufgrund ausbleibender Nutzer wieder einstellen.[12] In den Folgejahren kam es trotz dieses Scheiterns zu einem Boom anderer neu gegründeter sozialer Netzwerke, welcher immer noch anhält. Die heute erfolgreichsten Social Networks sind MySpace[13], Facebook[14] und im deutschsprachigen Raum StudiVZ[15].

3.4 Social Sharing

„Social Sharing" bezeichnet das Bereitstellen und Verwalten von Linklisten, Fotos, Videos oder sonstiger Inhalte im Internet, wobei „einige der geteilten Ressourcen der gesamten Öffentlichkeit verfügbar gemacht [werden]".[16] Benutzer können in der Regel die bereitgestellten Daten anderer User bewerten und sich persönliche Favoriten zusammenstellen.

Die Ursprünge von Social-Sharing-Plattformen gehen auf die ersten öffentlichen, online verwaltbaren persönlichen Linksammlungen zurück, die Ende der 1990er Jahre entstanden. Heutige Social-Sharing-Dienste bieten zudem die Möglichkeit,

---

[9] Ebersbach; Glaser; Heigl: Social Web, S. 37.
[10] http://www.wikipedia.org/
[11] http://www.itwissen.info/definition/lexikon/Soziales-Netzwerk-social-network.html.
[12] Vgl. Ebersbach; Glaser; Heigl: Social Web 80
[13] http://www.myspace.com/
[14] http://www.facebook.com/
[15] http://www.studivz.net/
[16] Ebersbach; Glaser; Heigl: Social Web, S. 100.

auch Fotos und Videos einer breiten Öffentlichkeit zugänglich zu machen. Als zwei der bekanntesten Vertreter sind an dieser Stelle flickr[17] und YouTube[18] zu nennen.

---

[17] http://www.flickr.com/
[18] http://www.youtube.com/

4. Chancen und Risiken

4.1 Die „Weisheit der Massen"

„In der Wikipedia-Welt bestimmen jene die Wahrheit, die am stärksten besessen sind."

Jaron Lanier, Autor und Begründer des Begriffs „Virtual Reality".[19]

Alle „Web 2.0"-Applikationen basieren auf dem Prinzip, dass die Benutzer Daten und Informationen beisteuern, aus denen dann das Angebot der jeweiligen Plattform erwächst. Online-Enzyklopädien wie Wikipedia kumulieren auf diese Weise Einzelwissen und stellen es einer breiten Masse zur Verfügung. Die schnelle Verfügbarkeit von Informationen und die hohe Aktualität der Beiträge haben dazu geführt, dass sich Wikipedia als Online-Nachschlagewerk Nummer eins etabliert hat.

Problematisch ist allerdings das Phänomen, dass Mitglieder einer sozialen Gruppe „ihre Einschätzung einer vermuteten Gruppenmeinung"[20] anpassen. Übertragen auf Gemeinschaftsprojekte wie Wikipedia bedeutet dies, dass wenige besonders aktive Meinungsführer den Wahrheitsgehalt von Informationen beliebig bestimmen und durch massive Präsenz sogar eine künstliche Gruppenmeinung schaffen können.

Die „Weisheit der Massen erweist sich oft als schneller und aktueller, tiefgründiger sowie – durch zahlreiche Links – breiter als herkömmliche Artikel, Fachbücher oder Forschungsprojekte".[21] Dahinter steht allerdings die Hoffnung, dass es sich bei den einzelnen Autoren um Experten des jeweiligen Themengebiets handelt. Ist dies nicht der Fall, werden die betroffenen Artikel wertlos. Aufgrund der Anonymität der Autoren ist für den Nutzer in der Regel nicht erkennbar, ob die bereitgestellten Informationen aus einer verlässlichen Quelle stammen, oder ob es sich um Spekulationen oder sogar bewusste Fehlinformationen handelt. Durch die Offenheit des Systems, in dem jeder Nutzer anonym Beiträge editieren kann, kommt es immer wieder zu Manipulationsversuchen. Bekannt sind Fälle, in denen die Artikel zu bekannten Prominenten bewusst nachträglich geschönt oder politische Gegner gezielt diffamiert wurden.[22] Diese Manipulationen werden durch die Log-Funktion der Artikel meist relativ rasch aufgedeckt, jedoch büßt ein kollaboratives System wie Wikipedia durch solche Vorfälle schnell seine Glaubwürdigkeit ein.

---

[19] Zitiert nach: SPIEGEL Special 3 2007: Leben 2.0. Wir sind das Netz. Wie das neue Internet die Gesellschaft verändert. SPIEGEL-Verlag Rudolf Augstein, Hamburg 2007, S. 11.
[20] Ebersbach; Glaser; Heigl: Social Web, S. 189.
[21] SPIEGEL Special 3 2007: Leben 2.0, S. 11.
[22] Vgl. SPIEGEL Special 3 2007: Leben 2.0, S. 22f.

4.2 Das Web im Dienst der Demokratie

„Das Fernsehzeitalter der US-Politik ist vorbei!"
Dick Morris, US-Wahlkampfmanager.[23]

Im Zeitalter des Web 2.0 nähert sich das Internet mehr denn je einem „öffentliche[n] Diskussionsraum, an dem alle gleichberechtigt teilnehmen können".[24] Durch die schwer beschränkbare Zugänglichkeit, die Aktualität der Beiträge und die flachen hierarchischen Strukturen des „Mitmach-Webs" wird „[dem Internet] ein insgesamt demokratieförderndes Potential nachgesagt".[25]

Im Wahlkampf wenden sich immer mehr Politiker per Videoblog zu Wort, um ihre Botschaften zu verbreiten. Die Verdrängung der klassischen Print- und Hörfunkmedien als beliebtestes Informationsmedium durch das Internet hat zur Folge, dass Onlinepräsenzen von Personen des öffentlichen bzw. politischen Lebens eine größere Aufmerksamkeit zuteil wird. Angela Merkel beispielsweise bietet seit Anfang Juni 2006 auf ihrer Internetseite ein frei herunterladbares Podcast an, mit dem sie Stellung zu aktuellen Themen bezieht und Regierungspläne einem breiten Publikum zu erläutern versucht.[26]

Weblogs gelten seit jeher als „unabhängige Form der Berichterstattung, die [...] unter Umgehung von Zensur[,] von den großen Geschehnissen unserer Zeit berichten".[27] Dies hat dazu geführt, dass auch in Ländern, in denen die Meinungsfreiheit vom politischen System bzw. der Regierung systematisch eingeschränkt wird, Bürger das Web als Ort der freien Meinungsäußerung entdeckt haben und rege nutzen. Blogs aus Diktaturen berichten häufig unzensiert über den Alltag der Menschen, decken Missstände auf und üben Regierungskritik. Diese Alltagsdokumentationen gelangen durch das Web unzensiert an ein breites Publikum im In- und Ausland. Aus diesem Grund versuchen totalitäre Regierungen verstärkt, das Medium Internet unter ihre Kontrolle zu bringen. Auf der technischen Ebene werde Netzzugänge abgeschaltet und ausländische Proxis gesperrt, um den Bloggern die Arbeit zu erschweren. Doch die Regimekritiker müssen auch im persönlichen Bereich mit Konsequenzen rechnen. So ist

---

[23] Zitiert nach: In der Smitten, Susanne (2007): Online-Vergemeinschaftung. Potentiale politischen Handelns im Internet, München: Verlag Reinhard Fischer, S. 91.
[24] Ebersbach; Glaser; Heigl: Social Web, S. 207.
[25] In der Smitten: Online-Vergemeinschaftung, S. 90.
[26] Vgl. In der Smitten: Online-Vergemeinschaftung, S. 97.
[27] Ebersbach; Glaser; Heigl: Social Web, S. 207f.

der Fall eines im Exil lebenden Iraners bekannt, dem aufgrund der Popularität seines kritischen Blogs bei einer Rückkehr in sein Heimatland eine längere Gefängnisstrafe droht.[28]

Zwar lässt sich der Zugang zum Web 2.0 und seinen mitunter als Demokratiekatalysatoren wirkenden Publikationsformen erschweren, den technischen Fortschritt aufhalten können Staaten mit der entsprechenden Infrastruktur langfristig allerdings nicht. Politikern, die das meinungsbildende Potential moderner Web 2.0-Anwendungen erkannt haben, bietet das Internet eine optimale Basis zur politischen und persönlichen Selbstdarstellung.

4.3 Selbstdarstellung im Web 2.0

„Das Netz vergisst nichts."
Peter Schaar, Bundesbeauftragter für Datenschutz.[29]

Die Tatsache, dass der Inhalt von Web 2.0-Angeboten hauptsächlich von den Nutzern selbst generiert wird, wirft folgende Fragen auf: Wie stelle ich mich online dar und welche Informationen gebe ich preis?

Während die aktiven User von Onlineenzyklopädien und -foren ihre Beiträge in den meisten Fällen anonymisiert verfassen, ist bei Weblogs und Social Networks die Preisgabe von detaillierten Informationen zum Verfasser der jeweiligen Inhalte unumgänglich, um Seriosität und Glaubwürdigkeit herzustellen. Doch auch auf Plattformen wie youtube.com legen vor allem junge User immer mehr Wert darauf, sich ihrem „Publikum" möglichst positiv zu präsentieren. Oft werden hier virtuelle Identitäten konstruiert, die dem realen Vorbild kaum noch entsprechen.[30] Im Extremfall muss damit gerechnet werden, dass es sich bei angelegten Profilen und bereitgestellten Amateurvideos um mutwillig gefälschte Fake-Auftritte handelt.

Da „der zentrale Motor des Social Webs [...] die direkte Beteiligung der Nutzer"[31] ist, basiert fast jede Web 2.0-Applikation auf personalisierten Nutzerprofilen, die meist sensible persönliche Daten beinhalten. Viele User machen sich durch ihr sorgloses Nutzungsverhalten auf diese Weise selbst zum „gläsernen Bürger", vor dem

---

[28] Vgl. SPIEGEL Special 3 2007: Leben 2.0, S. 30f.
[29] Zitiert nach: SPIEGEL Special 3 2007: Leben 2.0, S. 57.
[30] Vgl. Kammerl, Rudolf (2005): Internetbasierte Kommunikation und Identitätskonstruktion. Selbstdarstellungen und Regelorientierungen 14- bis 16-jähriger Jugendlicher, Hamburg: Verlag Dr. Kovac.
[31] Ebersbach; Glaser; Heigl: Social Web, S. 231.

Datenschützer so oft warnen. Aufgrund der Recherchemöglichkeiten des Netzes lassen sich selbst kleinste, auf verschiedenen Webseiten angegebene Datenschnipsel zu einem umfassenden Persönlichkeitsprofil rekonstruieren.[32] Diese Möglichkeit wird u.a. von Wirtschaftsunternehmen eingesetzt, um sich ein erstes Bild über mögliche Bewerber zu machen. Bekannt ist der Fall einer Lehrerin in den USA, deren Bewerbung aufgrund eines auf einer Fotoplattform veröffentlichten privaten Fotos, welches sie beim Alkoholkonsum zeigt, abgelehnt wurde.[33]

Diese sich häufenden Fälle von Cyber-Stalking oder auch Mobbing in Social Networks sind ein zunehmendes Problem des Web 2.0. Durch die Fülle an von Internetnutzern bereitgestellten persönlichen Informationen fällt es leicht, politische oder persönliche Gegner zu diskreditieren. Hier ist eine enorme Gefahr zu sehen. Die Alternative wäre, komplett auf Onlinepräsenz zu verzichten. Dies ist allerdings in der Regel für Personen des öffentlichen Lebens aufgrund der wachsenden Relevanz des Mediums Internet nicht möglich.

4.4 Das Ende des Qualitätsjournalismus?

„Klowände des Internets."

Jean-Remy von Matt, Mitbegründer der Hamburger Werbeagentur Jung von Matt, über Weblogs.[34]

Mit dem rasanten Wachstum der so genannten „Blogosphäre"[35] wurden vermehrt Befürchtungen laut, die größtenteils von Privatpersonen betriebenen Weblogs könnten den etablierten Qualitätsjournalismus verdrängen, da die traditionellen Medien „mit der Geschwindigkeit und der Authentizität der bloggenden Augenzeugen nicht Schritt halten" konnten.[36] Im heutigen, schnelllebigen Nachrichtengeschäft werden neben dem Text- bzw. Hybridmedium Webblog auch „authentische Bilder, die von zufälligen Augenzeugen aufgenommen wurden, für die Medien immer interessanter".[37] Amateuraufnahmen aus Krisenregionen oder Katastrophengebieten sind meist nach kurzer Zeit im Netz verfügbar. Viele Journalisten, Verleger und TV-Produzenten treibt daher die Sorge um, die traditionellen Informationsangebote verlören an Attraktivität und würden über kurz oder lang vom Internet als primärer Informationsquelle verdrängt.

---

[32] Vgl. Ebersbach; Glaser; Heigl: Social Web, S. 233f.
[33] Vgl SPIEGEL Special 3 2007: Leben 2.0, S. 53ff.
[34] Zitiert nach: In der Smitten: Online-Vergemeinschaftung, S. 250.
[35] SPIEGEL Special 3 2007: Leben 2.0, S. 20.
[36] Ebersbach; Glaser; Heigl: Social Web, S. 59.
[37] Turnheim, Fred (2007): Breaking News im Web 2.0. Wozu wir Journalisten brauchen, Wien: Molden Verlag, S. 166.

11

Der so genannte „Graswurzeljournalismus" ist inzwischen zwar zum festen Bestandteil der Medienlandschaft geworden; Weblogs und Videoportale wurden auf der einen Seite zur Konkurrenz, auf der anderen Seite aber auch oft zur gern zitierten Quelle. Dabei wurde jedoch außer Acht gelassen, dass Blogger in der Regel nicht den Anspruch erheben, als reines sachliches Informationsmedium wahrgenommen zu werden. So „steht eher die persönliche Perspektive der Blogger im Mittelpunkt, wohingegen journalistische Standards wie eine eingehende Recherche [und] eine sachliche Darstellung […] oftmals bewusst nicht eingehalten werden".[38]

Durch die hohe Aktualität der Beiträge und die hervorragende Vernetzung untereinander verfügen einige wenige bekannte Weblogs inzwischen über eine große mediale Macht, wenngleich diese Aktualität oft nur durch den Verzicht auf gründliche Recherche möglich wird. Dass reine Onlinemedien langfristig zu einer Gefahr für den etablierten Qualitätsjournalismus werden könnten, ist nicht zu erwarten. Vielmehr besteht das Potential einer fruchtbaren Ergänzung.

---

[38] In der Smitten: Online-Vergemeinschaftung, S. 247.

12

5. Fazit und Ausblick

Der Begriff Web 2.0 steht zu Recht für eine kleine Revolution des Internets; erstmals steht die Selbstbeteiligung der Nutzer im Vordergrund. Sie stellen Wissen bereit, knüpfen Kontakte und betätigen sich erfolgreich als Hobbyjournalisten. Es zeichnet sich jetzt schon eine Verschmelzung der einzelnen Web 2.0-Angebote ab. So kombinieren zum Beispiel Social Networks wie myspace.com inzwischen weblogtypische Funktionen mit Social-Sharing-Diensten. Darüber hinaus lässt sich eine zunehmende Durchdringung des Alltags durch das Internet feststellen: Benötigte man vor einigen Jahren noch einen PC, so ist der Zugang zum Internet heute problemlos allerorts und jederzeit über Mobiltelefone und PDAs möglich. Setzen sich diese Trends fort, wird vielleicht schon bald vom Web 3.0 die Rede sein.

Doch bei aller Euphorie sollten auch die Schattenseiten der jüngsten Entwicklungen nicht aus dem Blickfeld geraten. So wird es für die Nutzer zunehmend schwieriger, sich in der Datenflut zurechtzufinden, und auch die Datenschutzproblematik bleibt vorerst ungelöst. Zudem stellt sich mehr denn je die Frage nach Urheberrecht und Verantwortlichkeiten. Ein Medium, welches von seinen Nutzern in hohem Maße Selbstbeteiligung erwartet, muss strengen Verhaltensregeln unterworfen sein. Die Anonymität des Netzes verleitet sonst schnell dazu, es für Schmutzkampagnen und Manipulationsversuche zu missbrauchen.

Und eins muss immer klar sein: Das Internet ist auch heute noch ein elitäres Medium. Gemessen an der Weltbevölkerung verfügt immer noch ein verschwindend geringer Teil der Menschen über Zugang zum Internet und somit auch zum bereitgestellten Wissen. Während sich die Industriestaaten mehr und mehr zu Informationsgesellschaften entwickeln, bleiben Entwicklungsländer von dieser Entwicklung ausgeschlossen. Dies führt auf Dauer zu einer immer größer werden Wissenskluft.

Ziel muss es sein, neben der umfassenden Grundversorgung mit Nahrung und Energie auch die Versorgung mit Information sicherzustellen. Gelingt dies, kann in Zukunft die ganze Menschheit vom technologischen Fortschritt profitieren. Das Internet und besonders das Web 2.0 können bei verantwortungsbewusster Anwendung der Schlüssel zu Bildung und Wohlstand sein.

6. Literaturverzeichnis

Ebersbach, Anja; Glaser, Markus; Heigl, Richard (2008): Social Web, Konstanz: UVK-Verlagsgesellschaft.

In der Smitten, Susanne (2007): Online-Vergemeinschaftung. Potentiale politischen Handelns im Internet, München: Verlag Reinhard Fischer.

Kammerl, Rudolf (2005): Internetbasierte Kommunikation und Identitätskonstruktion. Selbstdarstellungen und Regelorientierungen 14- bis 16-jähriger Jugendlicher, Hamburg: Verlag Dr. Kovac.

SPIEGEL Special Nr. 3 2007: Leben 2.0. Wir sind das Netz. Wie das neue Internet die Gesellschaft verändert, Hamburg: SPIEGEL-Verlag Rudolf Augstein.

Turnheim, Fred (2007): Breaking News im Web 2.0. Wozu wir Journalisten brauchen, Wien: Molden Verlag.

Ursua, Nicanor (2006): Netzbasierte Kommunikation, Identität und Gemeinschaft, Berlin: trafo verlag dr. wolfgang weist.

7. Internetquellen

http://www.e-teaching.org/didaktik/theorie/informelleslernen/Web2.pdf [Letzter Zugriff: 21.08.08, 20:07]

http://www.itwissen.info/definition/lexikon/Web-2-0-web-2-0.html [Letzter Zugriff: 21.08.08, 20:08]

http://www.itwissen.info/definition/lexikon/weblog-Blog-Weblog.html [Letzter Zugriff: 21.08.08, 20:03] http://www.itwissen.info/definition/lexikon/Wiki-wiki.html [Letzter Zugriff: 21.08.08, 20:04]

http://www.itwissen.info/definition/lexikon/Soziales-Netzwerk-social-network.html [Letzter Zugriff: 21.08.08, 20:04]

http://www.oreillynet.com/pub/a/oreilly/tim/news/2005/09/30/what-is-web-20.html [Letzter Zugriff: 21.08.08, 20:01]